Sammlung Hans-Jürgen Döpp

Henry Monnier

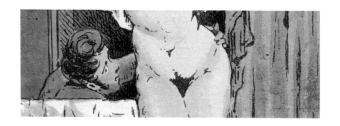

Le Bonheur de la Vie Quotidienne

D1730817

edition de l'œil

impressum

maria petras + hans-jürgen döpp (hgg.)

edition de l'œil

frankfurt am main 2011

ISBN 978-3-842337-268

herstellung und verlag:

books on demand gmbh, norderstedt

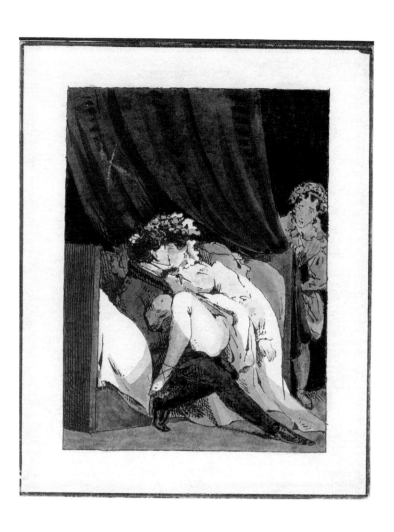

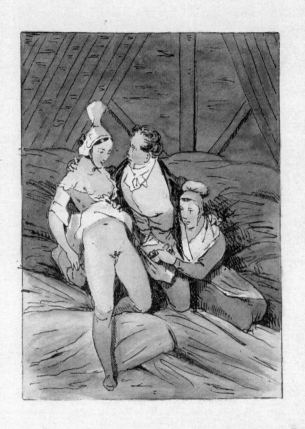

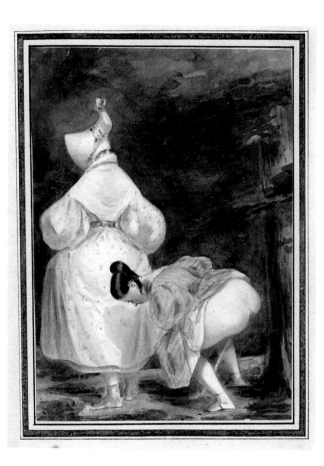

Photographie von Étienne Carjat

Henri Monnier (1799 – 1877)

Nach der Französischen Revolution verblassten die „Götter-liebschaften" des Rokoko, mit denen der Adel seine intriganten Amouren idealisierte. Der Realismus, der mit aufsteigendem Bürgertum sich ausbreitete, lenkte den Blick aufs Diesseitige, auf die Wirklichkeit. Die allerdings war, bedingt durch das Wachstum der Städte und der beginnenden Industrialisierung, wiederum ernüchternd genug, sodass auch sie nicht ohne beschönigende Ideologie auskam. „Das Interieur", bemerkte Walter Benjamin, „ist nicht nur das Universum, sondern auch das Etui des Privatmanns". Schwere Vorhänge im gut ausgepolsterten Interieur verhüllen ihm den Ausblick auf die Realität.

In der Zeit des *„Juste Milieu",* der Zeit zwischen der Juli-Revolution 1830 und der Februar-Revolution 1848 war Frankreich der Hauptlieferant auf dem erotischen Bildermarkt, der von Zeichnern wie Bouchot, Poitevin, Deveria, Maurin, Gavarni, Johannot, Monnier und vielen anderen beliefert wurde. Die neue, schnell sich ausbreitende Technik der Lithographie demokratisierte quasi die Bildproduktion und begünstigte die Verbreitung der Bilder. Zentrale Bühne in den erotischen Szenen dieser Zeit ist der nach außen abgedichtete Privatraum, neben einer paradisierten, von Malven und Rosen umrankten Natur. (Nebenbei: das Aufblühen der Blumenmode ging mit dem Wachstum der Städte parallel einher.) Das Bürgertum war die treibende Kraft der Revolution; in dem libertären Geist, der diese erotische Bilderproduktion durchzog, war noch immer ein Nachhall der Französischen Revolution zu spüren; zugleich war er auch Ausdruck eines oppositionellen

Diskurses. Das Juli-Königtum war - unter der Parole des „Enrichissez vous" – eine Zeit der Prosperität und eine Blütezeit der industriellen und kommerziellen Unternehmungen. Erst nach der 48er-Revolution verwandelte sich das Bürgertum in eine Partei der Ordnung, die den Konformismus zum Codex auch fürs Sexualverhalten erhob.

Henri Monnier, der Zeitgenosse und Freund von Balzac, war Künstler, Schauspieler und Schriftsteller in einem. Als Schauspieler ist er heute vergessen, aber zwischen 1830 und 1860 war er in Frankreich als einer der originellsten Schauspieler geschätzt. Mit der Gestalt des *Monsieur Joseph Prudhomme* schuf er eine Figur, die in ihrer kleinbürgerlichen Moralität und Mentalität in Frankreich zum Symbol des 19. Jahrhunderts wurde: ein würdevoller, selbstgefälliger und beschränkter Biedermann. In seinen kleinen, für seine Freunde geschaffenen erotischen Aquarellen stellt er mit romantischer Ironie Szenen und Typen der bürgerlichen Mittelklasse dar: den Kommis, den Studenten und den Spießbürger in ungenierter Unterhaltung mit kleinen Modistinnen, gefälligen Hausangestellten und heiteren Grisetten. Seine Menschen geben sich ohne große klassische Posen - und vorwiegend bekleidet – der Liebe hin.

Da sitzt ein junger Künstler vor seiner Staffelei und malt nicht nur den sinnlichen Rückenakt – sondern sich gleich dazu. Wie oft möchte man als Betrachter eines Bildchens unbemerkt in es hineinsteigen können, um in ihm fortzuleben? Auch dieser junge biedermeierliche Künstler erfüllt sich eine Illusion. Malen wurde ihm zu einem Akt phantasierter Wunscherfüllung. Ja, von dem Gemälde auf der Staffelei scheint ihm ein noch größerer Sinnenreiz auszugehen als von der Nacktheit der Frau selbst. Warum umarmt er sie nicht „real"? Ist ihm die Kunst weniger bedrohlich als das heiße Fleisch? Oder wird das Begehren gar potenziert durch das Medium der Kunst, das sich distanzierend zwischen das Begehren und das begehrte Objekt schiebt? Ein Platoniker, der das Virtuelle und Ästhetische dem Realen vorzieht? Ein umgedrehter Pygmalion: die nackte Göttin wurde ihm unter der Hand zum erotisch beglückenden Bild. –

Schaulust ist auch das Thema des kleinen Aquarells, das den pausbäckigen Betrachter hinter einem Paravent stehend zeigt. Was sieht er? Nur verschränkte Beine. Wir aber erkennen am Schatten der Figur, wie sehr das Gesehene ihn erregt. Auch der Schausteller mit dem Guckkasten profitiert vom Voyeurismus seiner neugierigen weiblichen Besucher: erregt blicken sie in ferne exotische Länder... Sexuelle Neugier ist der Ursprung aller Aufklärung, auch für das kleine Mädchen, das die beiden Zebras im Zoo bei liebevollem Spiel aufmerksam betrachtet. Gerne möchte man die Antwort der – vermutlich hilflosen – Mutter auf die Frage des Kindes wissen. – Der Schaulust entspricht die Zeigelust: eine stämmige Aphrodite hebt ihre Schleier vor dem ihre Kurven anstaunenden Studenten und weckt sein Verlangen. – Ist es die Mutter der Braut, die, vom Vorhang halb verborgen, mit großen, gierigen Augen das Liebesspiel des jungen Paares verfolgt? Womit ihre linke Hand beschäftigt ist, - wir wissen es nicht. – Und ums Schauen geht es auch in der Szene, die den Herrn mit gelber Weste mit zwei naiven Gespielinnen auf dem Heuboden zeigt: Erstaunt blicken sie auf das merkwürdige, sich selbsttätig aufrichtende Gebilde, das seiner Hose entweicht. Er aber ergötzt sich am Anblick des erstaunten Blickes, über die beachtliche Wirkung seines Gliedes auf die Mädchen wohl selbst erstaunt. - Doch macht Monnier auch uns Betrachter alle zu Voyeuren, wenn wir seine lieblichen Liebesszenen mit Wohlgefallen betrachten.

Monniers Stil hat leicht erkennbare Eigenschaften, die sein Werk von Zeitgenossen unterscheiden: Seine Figuren sind mit kräftigen Linien gezeichnet, ihre Körper kurz und stämmig. Ihre Kleidung gibt intime Details wieder, die ihrem sozialen Status entsprechen. Bemerkenswert ist, wie Monnier sie verlebendigt: durch Variabilität des Gesichtsausdrucks und Zurückhaltung in der Gestik.

Sind diese kleinen Meisterwerke Belege einer biedermeierlichen Sentimentalität? Ebenso spricht aus ihnen der oppositionelle Geist einer bürgerlichen Bohème.

Die Drucke von Thomas Rowlandson und George Cruikshank motivierten Monnier, 1825 nach England zu fahren, wo er auch Rowlandson kennen lernte, der bis zu seinem Tode 1827 arbeitete. Er repräsentierte den letzten großen Satiriker des 18. Jahrhunderts; als Moralist aber wurde dieser von Hogarth übertroffen. Beide stellten die Lüsternheit und Liederlichkeit einer Gesellschaft dar, deren Ausschweifungen und Heuchelei sie durch Lachen konterten. Beide hatten die gleiche Vorliebe für halb-realistische, halb-satirische Portraits verrufener menschlicher Gestalten. Aus England brachte Monnier seine Art des Humors mit, der das Komische mit dem Realistischen verbindet. Monnier zeigt ein Gespür für das Lächerliche der menschlichen Natur. Doch in seiner Darstellung ist er ungleich liebevoller; sein Werk ist näher am Alltagsleben als das eines Daumier, dessen Ironie oft bitter und zynisch ist. Stellt Monnier doch seine eigene Welt dar!

Balzac beschrieb den jungen Monnier so: „Von kleiner, aber wohlgeformter Gestalt, mit einem interessanten Gesicht, das dem Napoleons merkwürdig ähnlich war, geradem, kräftigen

Kinn … Dieser begabte Mensch, der ganz Geist und Sinne war, verlor sich in Hingabe an Freuden aller Art, die ihn in fortwährender Zerstreuung hielten. Unermüdlicher Grisettenjäger, Raucher, Esser, Trinker und brillanter Gesellschafter, spielte er überall die erste Geige, war ebenso bekannt hinter den Kulissen wie auf den Grisettenbällen in der Allée des Veuves, ebenso hinreißend bei Tisch wie auf der Landpartie, ebenso schlagfertig um Mitternacht auf der Straße wie am Morgen, aus dem Schlaf geweckt – aber ernst und düster, wenn er mit sich allein war, wie die meisten großen Humoristen."

Für Eduard Fuchs ist Monnier „ein fast genial zu nennender Zeichner, dessen Phantasie obendrein vom behaglichsten Humor durchtränkt war… In dieser Wertung verdient er es, in der Kunstgeschichte aufzuerstehen und weiterzuleben."

Hans-Jürgen Döpp

© edition de l'œil

hans-jürgen döpp

D 60332 frankfurt am main

postfach 600 240